Perspektivrahmen Sachunterricht

Inhaltsverzeichnis

1. Die Konzeption des Perspektivrahmens

1.1 Der Bildungsanspruch des Sachunterrichts

Aus pädagogischer und aus didaktischer Perspektive hat die Grundschule die anspruchsvolle Aufgabe, Schülerinnen und Schüler dabei zu unterstützen,
- sich in ihrer Umwelt zurechtzufinden,
- diese angemessen zu verstehen und mitzugestalten,
- systematisch und reflektiert zu lernen,
- Voraussetzungen für späteres Lernen zu erwerben.

Inhalte und Verfahren des Unterrichts müssen deshalb gegenwärtigen und künftigen Bedürfnissen und Anforderungen gerecht werden, Bildung ermöglichen und grundlegen sowie die Leistungsfähigkeit und -bereitschaft der Kinder entfalten und fördern.

Grundschulkinder werden in Bezug auf ihre Lernfähigkeit häufig unterschätzt. Sachunterricht darf Grundschulkinder nicht unterfordern. Er muss inhaltlich und methodisch anspruchsvoll gestaltet sein, um Lernfähigkeit und Lernbereitschaft bereits im frühen Alter zu nutzen. Wahrnehmungs-, Denk- und Lernbedingungen von Grundschulkindern sind dabei zu berücksichtigen.

Die spezielle Aufgabe des Sachunterrichts ist es, Schülerinnen und Schüler darin zu unterstützen, sich die natürliche, soziale und technisch gestaltete Umwelt bildungswirksam zu erschließen und dabei auch Grundlagen für den Fachunterricht an weiterführenden Schulen zu legen. Obwohl Sachunterricht eng mit Sprachbildung verknüpft ist, kann Sachunterricht nicht im Sprachunterricht aufgehoben werden. Die Sprache unterstützt die Aneignung der Inhalte durch Kommunikation und Repräsentation.

Um seiner Aufgabe gerecht zu werden, muss der Sachunterricht Fragen, Interessen und Lernbedürfnisse von Kindern berücksichtigen sowie das in Fachkulturen erarbeitete, gepflegte und weiter zu entwickelnde Wissen nutzen. Damit unterstützt er die Kinder dabei, sich kulturell bedeutsames Wissen zu erschließen und eine zuverlässige Grundlage, sowohl für zunehmend eigenverantwortliches Handeln als auch für weiterführendes Lernen, zu erwerben. Außerdem fördert Sachunterricht die kritische Reflexion von Wissen als Voraussetzung für neue Ideen und tragfähige Lösungen. Dabei geht es auch um die Auseinandersetzung mit der Qualität des Wissens: Wie lässt sich das, was man selbst und was andere wissen, prüfen und nutzen?

Der Anspruch, zur bildungswirksamen Erschließung der natürlichen, sozialen und technischen Umwelt beizutragen, stellt den Sachunterricht vor eine besondere curriculare Herausforderung. Seine Inhalte berühren Gebiete, für die verschiedene natur- und sozialwissenschaftliche Disziplinen fachlich fundiertes Wissen und methodisch bewährte Verfahren zur Verfügung stellen. Diese inhaltliche Bandbreite des Sachunterrichts bietet einerseits vielfältige Möglichkeiten, an Erfahrungen und Interessen von Grundschulkindern anzuknüpfen. Andererseits stellt sich, angesichts der zahlreichen, zum Teil konkurrierenden Ansprüche an die Grundschule, die Frage nach den Inhaltsschwerpunkten des Sachunterrichts: Was ist sein spezifischer Beitrag zur wirksamen Bildung? Was sollen Kinder nach der Grundschulzeit über ihre soziale, natürliche und technische Umwelt gelernt haben können – und warum?

Eine Antwort darauf möchte der Perspektivrahmen anbieten.

1.2 Zur didaktischen Konzeption des Perspektivrahmens

Um die Anschlussfähigkeit, sowohl an die Sachfächer weiterführender Schulen als auch an die Lebenswelterfahrungen und Interessen der Kinder zu sichern, wählt der Perspektivrahmen die Inhalte und Themen des Sachunterrichts unter fünf verschiedenen Perspektiven aus:

- Sozial- und kulturwissenschaftliche Perspektive;
- Raumbezogene Perspektive;
- Naturbezogene Perspektive;
- Technische Perspektive;
- Historische Perspektive.

Diese Perspektiven
- berücksichtigen relevante und bildungswirksame Erfahrungen der Kinder in der Auseinandersetzung mit ihrer natürlichen, sozialen und technischen Umwelt;
- sind hinreichend trennscharf, um Könnens-, Wissens- und Verstehensfortschritte mit Bezug auf das in Fachkulturen bereitgestellte und gepflegte Wissen zu benennen;
- bieten Anschlussmöglichkeiten für die Lernangebote von Sachfächern in weiterführenden Schulen und stellen damit sicher, dass bedeutsame Wissensbereiche angemessen berücksichtigt werden.

Die Perspektiven sind jedoch nicht getrennt und unabhängig voneinander zu interpretieren. Aufgabe des Sachunterrichts ist es, die den Perspektiven zugeordneten Inhalte und Methoden sinnvoll miteinander zu vernetzen, um übergreifende Zusammenhänge erfassbar und damit auch für Normen- und Wertfragen zugänglich zu machen.

Grundlegend für die didaktische Konzeption des Perspektivrahmens ist die Formulierung von Spannungsfeldern zwischen Erfahrungen der Kinder und fachlich gesichertem Wissen.

Die beiden Pole dieses Spannungsfeldes sollen sich im didaktischen Auswahlprozess gegenseitig kontrollieren. Die Orientierung an den Erfahrungen der Kinder grenzt das Risiko ein, dass Fachorientierung im Unterricht zu erfahrungsleeren Begriffen und Merksätzen führt. Und der auf die Anforderungen von Fächern gerichtete Blick verringert das Risiko, dass sich der Unterricht auf Banalitäten und auf das Alltagswissen der Kinder beschränkt.

Im Perspektivrahmen Sachunterricht sind somit bildungswirksame Fachperspektiven konkretisiert, die einen je eigenen Zugang zur Erschließung von Fragestellungen sowie spezifische Methoden und Arbeitsweisen aufweisen. Für jede Fachperspektive ist das

Wissen formuliert, das jeweils als grundlegend bezeichnet werden kann und das zum Aufbau bereichsspezifischer und -übergreifender Kompetenzen geeignet ist.
Die einzelnen Perspektiven sollen eine Orientierung für die konkrete Ausgestaltung im Unterricht bieten, und zwar sowohl beispielhaft für mögliche Themenfelder und die dabei zu lernenden Methoden und Verfahrensweisen als auch für die im Sachunterricht ebenfalls zu bearbeitenden ethischen Fragen der Sinn- und Wertorientierung. Dabei sind die Perspektiven aber so offen formuliert, dass in der Gestaltung des Unterrichts die Fragen und Erfahrungen der Kinder, ihre spezifische gesellschaftliche Situation, aber auch die besonderen Kompetenzen und Interessen von Lehrkräften zum Tragen kommen können. Damit erlauben es die Perspektiven, den individuellen Lernwegen und Entwicklungschancen von Kindern Rechnung zu tragen und gleichzeitig, Kompetenzen für weiterführendes Lernen grundzulegen.

1.3 Kompetenzen als Zielkategorien

„Kompetent sein" heißt, kompetent für etwas zu sein. Damit gerät eine normative Orientierung in den Blick, die sich bildungstheoretisch und unter Berücksichtigung der Entwicklungsaufgaben von Kindern im Grundschulalter begründen muss. Kompetenzen beinhalten ein Zusammenspiel von Sach- und Verfahrenswissen mit metakognitivem Wissen und wertebezogenem Orientierungswissen. Sie sind dabei in Bezug auf spezifisch definierte Anforderungen der schulischen und außerschulischen Umwelt zu verstehen.
Damit erscheint der Kompetenzbegriff geeignet, die Bildungsansprüche an den Sachunterricht pädagogisch und didaktisch angemessen zu präzisieren, und zwar sowohl hinsichtlich der Bedürfnisse und Interessen der Lernenden als auch mit Blick auf die Angebote und Anforderungen von weiterführenden Fächern:

- Kompetenzen umfassen neben Sach- und Faktenwissen (deklaratives Wissen) auch Orientierungswissen, verfahrensbezogene Fähigkeiten und Fertigkeiten (pro-zedurales Wissen) sowie Wissen, das der Kontrolle und Steuerung von Lern- und Denkprozessen zugrunde liegt (metakognitives Wissen). Sie zielen damit, über den bloßen Erwerb von Kenntnissen und Fertigkeiten hinaus, auf die Förderung des Verstehens.
- Die Formulierung von Kompetenzen präzisiert die Anforderungen an die Kinder *als Könnensziele*. Daraus folgt für den Unterricht, dass Wissen, Inhalte und Methoden nicht unabhängig voneinander gesehen werden können. Lernfortschritte erweisen sich mit Hilfe von Anwendungs- und Gestaltungsaufgaben. Sie können durch bloßes Abfragen deklarativen Wissens nicht angemessen ermittelt werden.
- Der Bezug auf den Kompetenzbegriff sichert die Anschlussfähigkeit an eine breite erziehungswissenschaftliche Debatte, da dieser Begriff auch in anderen pädagogischen Disziplinen verstärkt genutzt wird, um bedeutsame Bildungs- und Ausbildungsziele hinreichend konkret und doch offen genug für wandelnde Herausforderungen zu definieren.

Der Perspektivrahmen führt inhalts- und verfahrensbezogene Beispiele zum Aufbau

der Kompetenzen aus und konkretisiert an Beispielen mögliche Vernetzungen zwischen den einzelnen Perspektiven. Wegen der Fülle der inhaltlichen Bezüge im Sachunterricht sind dabei die Kriterien der Exemplarität, Ergiebigkeit und Zugänglichkeit bei der Bestimmung konkreter Themen von besonderer Bedeutung. Dabei beugt Exemplarität der potenziellen Stoffüberfrachtung vor. Dies ist erforderlich, um eine angemessene Wissens- und Verstehensqualität zu erreichen.
Neben dem Aufbau grundlegenden inhaltlichen Wissens geht es im Sachunterricht auch um das Erarbeiten elementarer Methoden, wie zum Beispiel um das Beobachten, Experimentieren, Konstruieren und Beschaffen von Informationen. Die entsprechenden verfahrensorientierten Ziele sind mit inhaltlichen Zielen zu verknüpfen, um sinnbezogenes Lernen zu ermöglichen.

1.4 Beitrag zur didaktischen Professionalisierung

Angesichts der Dynamik, mit der sich gesellschaftliche Herausforderungen, Erfahrungen der Kinder sowie das als nützlich und sinnvoll anzusehende Wissen verändern, gehört ein professioneller Verständigungsprozess über schulische Lernangebote zu den grundlegenden Aufgaben von Lehrerinnen und Lehrern. Der Perspektivrahmen kann als ein den didaktischen und methodischen Herausforderungen des Sachunterrichts angemessenes Kerncurriculum gelesen werden, das die notwendige Balance zwischen allgemein verbindlichen Zielen und Offenheit in der inhaltlichen und methodischen Gestaltung wahrt.
Diese Balance ist eine zentrale curriculare Herausforderung für den Sachunterricht. Zum einen soll er allen Kindern gleiche Bildungschancen geben; zum anderen muss er offen genug sein, damit die Lehrerinnen und Lehrer den spezifischen Lernvoraussetzungen in ihrer Lerngruppe ausreichend Rechnung tragen können. Der Perspektivrahmen möchte Lehrerinnen und Lehrer als Fachleute für Sachunterricht dabei unterstützen, ihre inhaltlichen und methodischen Entscheidungen auf hohem didaktischen Niveau zu treffen, zu reflektieren und zu kommunizieren.

So ist der Perspektivrahmen – bei vorhandenen Freiräumen für situatives und individuelles Lernen – in allen fünf Perspektiven anschlussfähig für inhalts- wie methodenbezogenes Wissen. Damit sichert er den Sachunterricht als ein zugleich bildungs- und auch übergangsrelevantes Fach.
Um Sachunterricht angemessen gestalten zu können, benötigen Sachunterrichtslehrerinnen und -lehrer Kompetenzen in allen fünf Perspektivbereichen. Es bedarf einer gemeinsamen Anstrengung von Aus- und Fortbildungseinrichtungen, diese professionellen Voraussetzungen sicherzustellen.

1.5 Der Aufbau des Perspektivrahmens

Nachdem in diesem Teil 1 die Konzeption des Perspektivrahmens erläutert wurde, wird der Beitrag der jeweiligen Perspektive zur bildungswirksamen Erschließung von Umwelt dargestellt. Dazu gehört auch die Schaffung von Grundlagen für weiterführendes Lernen (Teil 2).

Danach werden die im Sachunterricht anzustrebenden Kompetenzen formuliert. Sie beschreiben die Lern- und Bildungschancen, die der Sachunterricht Grundschulkindern bieten sollte (Teil 3).

Anschließend führt der Perspektivrahmen aus, wie sich Lernfortschritte mit Blick auf die perspektivenorientierten Kompetenzen erweisen lassen. Dabei wird besonders auf das übergreifende Zusammenspiel der Kompetenzen und auf Anwendungs- und Gestaltungsaufgaben Wert gelegt (Teil 4).

Abschließend wird geklärt, welche spezifischen Bedingungen für den Sachunterricht erhalten, ausgebaut und geschaffen werden müssen, damit er seine anspruchsvollen Zielsetzungen erfüllen kann (Teil 5).

2. Das Bildungspotenzial der fünf Perspektiven

2.1 Sozial- und kulturwissenschaftliche Perspektive

Sozial- und kulturwissenschaftliches Lernen findet im Spannungsfeld zwischen

- den Erfahrungen des Zusammenlebens, die Kindern zugänglich sind, und
- den inhaltlichen und methodischen Angeboten aus der Perspektive der Sozial- und Kulturwissenschaften statt.

Menschen leben in der Gesellschaft zusammen. Sie gestalten ihr Leben im öffentlichen und privaten Bereich unter verschiedenen politischen, sozialen, kulturellen, ökonomischen, physischen und ethnischen Voraussetzungen. Dabei haben alle Menschen gemeinsame und auch unterschiedliche Möglichkeiten und Interessen, Lebensstile und Deutungsmuster. Differenzen unter den Menschen sind etwas Selbstverständliches. Mit solchen Unterschieden konstruktiv lernend und verantwortlich umzugehen, ist eine Herausforderung zur Orientierung im Umgang mit sich selbst und im Verhältnis zu anderen Menschen.

Um diese Zusammenhänge zu verstehen, richtet sich sinn- und lebensorientiertes Lernen der Kinder auf

- die Entwicklung einer sozialen Kultur des Lebens und Arbeitens;
- die Wahrnehmung von Verschiedenheit und die Achtung für alle Menschen;
- das Erkennen von Interessenlagen und Vertreten eigener Interessen;
- verantwortliches Handeln in öffentlichen und privaten Zusammenhängen;
- Erfassen kultureller (auch medialer) Rekonstruktion von Wirklichkeit;
- den eigenen Lebensentwurf.

2.2 Raumbezogene Perspektive

Raumbezogenes Lernen findet im Spannungsfeld zwischen
- den von Kindern erfahrenen räumlichen Gegebenheiten und
- den inhaltlichen und methodischen Angeboten der Raumwissenschaften statt.

Raum ist eine Grunddimension der Erfahrung. Menschen erfahren Räume zunächst als Gegebenheiten. Sie erkunden Räume und orientieren sich in ihnen. Die raumwissenschaftliche Perspektive trägt dazu bei, Räume als geschaffen, veränderbar, gestaltbar und nutzbar zu verstehen und Verantwortung für die Erhaltung, Pflege und Veränderung von Räumen anzubahnen.

In der Grundschule soll durch Grundlegung folgender Einsichten und Fähigkeiten ein kompetenter Umgang mit der Dimension „Raum“ angebahnt werden:

- Öffentliche und private Räume bilden für Menschen individuelle und soziale Handlungsrahmen.
- In Räumen wirken naturgegebene Faktoren, laufen naturgegebene Prozesse ab (Ökosysteme).
- Räume sind bereits durch natürliche Gegebenheiten und Prozesse gegliedert.
- Menschen nehmen Räume unterschiedlich wahr.
- Räume wurden von vielen Generationen in der Vergangenheit kulturell gestaltet; ihr heutiges Aussehen ist davon beeinflusst oder geprägt.
- Menschen sind für die Gestaltung und Veränderung von Räumen verantwortlich.
- Menschen leben in Räumen, die sie nach ihren Entscheidungen – geleitet von Bedürfnissen und Werthaltungen, Möglichkeiten und Fähigkeiten – nutzen und gestalten, dabei bewusst bewahren oder auch zerstören; über die Gestaltung und Nutzung von Räumen bestehen oft unterschiedliche Meinungen.
- Menschen bewegen sich in Räumen, tauschen Rohstoffe und Produkte aus (Handelsbeziehungen); dazu schaffen sie verbindende Verkehrswege für unterschiedliche Verkehrsträger.
- Menschen orientieren sich in Räumen an auffallenden Gegebenheiten, nach Entfernungen und Himmelsrichtungen. Sie nutzen dazu Beobachtungen, Skizzen und Karten, Luftbilder und Satellitenaufnahmen. Sie gliedern dazu Räume nach Erscheinungsbild und Aufgaben.

2.3 Naturwissenschaftliche Perspektive

Die naturwissenschaftliche Perspektive des Lernens steht im Spannungsfeld zwischen
- dem Erleben und Deuten von Naturphänomenen durch die Kinder und
- den inhaltlichen und methodischen Angeboten der Naturwissenschaften.

Unsere Umweltwahrnehmung und -interpretation ist weitgehend durch die Naturwissenschaften und ihre Erkenntnisweisen beeinflusst. Kinder erfahren Natur auf unterschiedliche Weise und nehmen Naturphänomene differenziert wahr. Durch Erschließen einfacher biologischer, chemischer und physikalischer Zusammenhänge können Naturphänomene gedeutet und kann ein verantwortlicher Umgang mit der Natur angebahnt werden.

„Erschließen“ bedeutet in diesem Zusammenhang:

- Probleme im Verhältnis von Mensch und Natur wahrnehmen, identifizieren und bearbeiten;
- Kennzeichen des Lebendigen auf elementarer Ebene entdecken;
- Stoffeigenschaften untersuchen und Stoffumwandlungen kennen lernen;
- Naturphänomene im Hinblick auf physikalische Regelhaftigkeiten untersuchen;
- Naturwissenschaftliche Verfahren erarbeiten und die Verfahrensbestimmtheit des Wissenserwerbs erkennen.

2.4 Technische Perspektive

Technisches Lernen im Sachunterricht geschieht im Spannungsfeld zwischen

- den technischen Erfahrungen, die Kindern zugänglich sind, und
- den technischen Inhalten und Verfahren aus der Perspektive der Technik- und Humanwissenschaften.

Technik prägt alle Lebensbereiche. Sie dient der Sicherung unserer Existenz und unseres Lebensstandards, stellt aber auch ein zerstörerisches Potenzial dar. Um eine humane und zukunftsfähige Technik mitdenken, mitverantworten und mitgestalten zu können, braucht jeder Mensch grundlegende Kenntnisse von Technik und ihren Wirkungs- und Bedingungszusammenhängen. Kinder leben in dieser technisierten Welt; sie nutzen Technik – zunehmend auch die medialen Techniken – und sind von Folgewirkungen betroffen. Der Umgang mit Technik ist jedoch meist auf ein Bedienungs- und Umgangswissen reduziert; zugrunde liegende Funktionszusammenhänge, Genese und Auswirkungen von Technik bleiben häufig unbekannt. Demgegenüber steht das unmittelbare Interesse von Kindern, hinter die Dinge zu schauen, ihre Funktions- und Wirkungsweisen zu ergründen und zu gestalten.

Eine elementare technische Bildung soll dazu beitragen, dass Grundschulkinder sich nicht nur als Reagierende und Bedienende erleben, sondern anhand überschaubarer, exemplarischer und für sie bedeutsamer Beispiele

- ihr lebenspraktisches technisches Können und Wissen erweitern;
- grundlegende technische Funktions- und Handlungszusammenhänge verstehen;
- elementare Formen technischen Handelns erlernen;
- Bedingungszusammenhänge von Technik, Arbeit und Wirtschaft, Naturwissenschaften und Gesellschaft erfahren, darstellen und reflektieren;
- sich mit Folgewirkungen von Technik, z.B. mit Fragen der Umwelt- und Sozialverträglichkeit von Technik, beschreibend und bewertend auseinander setzen;
- geschlechtsspezifische Einstellungen zur Technik thematisieren und Hemmnisse abbauen.

2.5 Historische Perspektive

Historisches Lernen im Sachunterricht geschieht im Spannungsfeld zwischen
- der Erfahrung des Wandels, die Kindern zugänglich ist, und
- den inhaltlichen und methodischen Angeboten aus der Perspektive der Geschichtswissenschaft.

Die durch erwünschte und unerwünschte Folgen menschlichen Handelns hervorgebrachten materiellen und sozialen Bedingungen des Zusammenlebens erschließen sich Kindern zunächst als Gegebenheiten. Die geschichtliche Perspektive auf ausgewählte Inhalte des Sachunterrichts trägt dazu bei, Vorgefundenes (Wissen, technische Artefakte, Institutionen, Normen, soziale Ordnungen, Gewohnheiten) als etwas zu verstehen, das geschaffen wurde, verändert werden kann und verantwortet werden muss.

Grundgelegt werden folgende Einsichten und Fähigkeiten:
- Die Bedingungen, unter denen Menschen heute leben, sind auch Folge von Entscheidungen, Handlungen und Fähigkeiten von Menschen, die vor uns gelebt haben. Das Handeln gegenwärtig lebender Menschen beeinflusst die Handlungsmöglichkeiten künftiger Generationen (Zeitbewusstsein, Möglichkeitsbewusstsein).
- Das, was Menschen durch ihre Handlungen bewirken (bewirkt haben), ist nicht immer das, was sie durch ihre Handlungen erreichen wollten (Verantwortungsbewusstsein).
- Menschen hatten und haben (je nach sozialem Stand, Herkunft, Geschlecht, Freiräumen, Fähigkeiten etc.) unterschiedliche Möglichkeiten, ihre Interessen, Bedürfnisse und Ziele zu verwirklichen (ökonomisch-soziales Bewusstsein).
- Das, was man über die Vergangenheit weiß, betrifft immer nur einen Ausschnitt, über den man Quellen hat, die als hinreichend zuverlässig gelten können, aber immer perspektivisch sind (Wirklichkeitsbewusstsein, Kritikfähigkeit).
- Um das Handeln von Menschen in der Vergangenheit zu verstehen, darf man sie nicht nur aus der eigenen, heutigen Sicht beurteilen. Man muss auch versuchen, die damaligen Bedingungen des Handelns zu erkennen und zu berücksichtigen (Perspektivenbewusstsein, Fremdverstehen, Toleranz für Fremdes und Anderes).

3. Was sollen Kinder wissen, können und verstehen?
Kompetenzen, Inhalte und Verfahren, Vernetzungsbeispiele

Die Kompetenzen, die im Sachunterricht grundgelegt, ausgebaut und erworben werden können, verbinden Wissen und Erfahrungen in komplexen Themenfeldern. Um die Kompetenzen angemessen zu fördern, werden auch fachspezifische Erkenntnisse, Methoden und Arbeitsweisen herangezogen. Indem man deren Beitrag zum Verständnis und zur sinnvollen Bearbeitung einer Fragestellung oder eines Problems deutlich macht, leistet der Sachunterricht auch eine Vorbereitung auf spätere, eher fachspezifische Denk- und Arbeitsweisen. Dabei werden nicht für jedes Problem und für jede Fragestellung alle Perspektiven herangezogen werden müssen.

3.1 Sozial- und kulturwissenschaftliche Perspektive

3.1.1 Kompetenzen

1. Politisch-soziale Probleme angemessen behandeln können, in die Kinder selbst eingebunden sind, wie
   - Rechte von Kindern (mit dem Ziel, in der Schule und im Gemeinwesen Rechte bewusst in Anspruch zu nehmen und dabei auch den Wert von Verantwortung für andere Menschen und für sinnvolle Ziele zu erfahren und zu praktizieren),
   - Arbeit und Umwelt (mit dem Ziel, neue Zusammenhänge zu erschließen),
   - Familie als Institution (mit dem Ziel, eigene Erfahrungen zu reflektieren).
2. Ökonomische, ökologische und soziale Grundlagen des Zusammenlebens erschließen können, für deren Zusammenwirken sensibilisiert sein und verständlich machen können, dass der arbeitsteilige Produktionsprozess
   - wirtschaftliches Handeln mitbestimmt,
   - in sozialen Kontexten eingebunden ist,
   - auf natürlichen Lebensgrundlagen beruht,
   - Auswirkungen auf das Zusammenleben hat.
3. Bedeutung von Religionen, Bräuchen, Lebensweisen für die eigene Sinn- und Wertorientierung und die anderer Menschen als Grundlage des Zusammenlebens nachvollziehen können, mit dem Ziel dafür zu sensibilisieren, dass Religionen, Bräuche und Lebensweisen nicht politisch missbraucht werden dürfen.
4. Die Entstehung von Konflikten aber auch Möglichkeiten zu deren Vermeidung in aktuellen Konfliktfeldern analysieren können und Kompromisse als Handlungsmöglichkeiten erkennen. (Damit soll auch die Gelegenheit gegeben werden, Ängste auszudrücken und sich sachgerecht mit ihnen auseinander zu setzen.)
5. Institutionen und öffentliche Räume hinsichtlich ihrer Strukturen und Regelungen und unter Beachtung des Verhältnisses von Mensch und Natur zunehmend verstehen, wie zum Beispiel die Institution Schule im gesellschaftlichen Kontext; Funktionieren des Gemeinwesens; Gestaltungsmöglichkeiten öffentlicher Räume entdecken und nutzen.

6. Perspektive auf die „Eine Welt“ einnehmen können durch Erkennen
   · von Abhängigkeiten und Verflechtungen,
   · von gemeinsamen Lebensgrundlagen,
   · von Ungleichheiten in den Lebensbedingungen – z.B. als Ursache von Migration.
7. Konsum – eine Kultur des Umgangs mit den Dingen entwickeln:
   · Konsumgüter als Mittel sozialer Verständigung erkennen;
   · kritische Auseinandersetzung mit dem Konsumprozess führen können;
   · sich alternative Umgangsweisen mit Konsumgütern vorstellen können;
   · ökologische und ökonomische Dimensionen des Konsumprozesses erkennen.
8. Kulturelle und physische Verschiedenheit als Bereicherung des Zusammenlebens oder als individuelle Einschränkung, als Ursache für Gruppenbildung oder Ausgrenzung wahrnehmen, und zwar
   · am Beispiel verschiedener Geschlechter, Generationen, Ethnien, körperlicher Merkmale;
   · in der Auseinandersetzung mit dem Phänomen Behinderung.

3.1.2 Inhalts- und verfahrensbezogene Beispiele

Auswahlaspekte für Inhalte und Methoden können in Abhängigkeit von der gegebenen Situation im Unterricht sein: Interessen, Bedürfnisse, Probleme der Kinder; Anschlussfähigkeit für weiteres Lernen; Orientierung an „epochaltypischen Schlüsselproblemen“ (Klafki); Aktualität in der öffentlichen Diskussion; reale Handlungsmöglichkeiten der Kinder zur Gestaltung ihres eigenen Lebens und Lernens.

Beispielhaft konkretisiert sich das Anliegen der sozial- und kulturwissenschaftlichen Perspektive durch folgende Inhalte und Verfahren:
· gemeinsame Gestaltung des Zusammenlebens in der Klasse und Schule, dessen Reflexion und Übertragung auf andere gesellschaftliche Erfahrungsbereiche der Kinder;
· Mitwirkung an der Veränderung einer für Kinder relevanten Verkehrssituation in der Kommune – mit der Gelegenheit, dabei kommunale Institutionen und Handlungswege kennen zu lernen;
· Auffinden von und Nachdenken über verschiedene Formen von Arbeit;
· Erschließen der Funktion eines Konsumgutes (z.B. eines bei Kindern gerade beliebten Kleidungsstücks oder Sportgeräts) im Zusammenleben; Nachdenken über Kaufverhalten und Alternativen der Nutzung;
· gegenseitige Einführung von Kindern in multi-ethnischen Klassen (oder Schulen oder Gemeinden) in „fremde“ Feste und Bräuche sowie die Reflexion ihrer Bedeutung (ggf. unter Beteiligung von ausländischen Gästen);
· Kennenlernen der Tagesabläufe, Wohnsituationen, Familienstrukturen, Wirtschaftsweisen von Kindern in anderen Ländern als Zugang zu Verschiedenheit sowie zum Erkennen von Verbindungen (z.B. über bei uns konsumierte Produkte aus anderen Ländern);
· an mit Kindern entwickelten Szenarien in Sportvereinen oder anderen außerschu-

lischen Kindergruppen die Bedeutung von Gruppenbildung entdecken;
- an konkreten Konflikten gemeinsam Konfliktlösungsstrategien entwickeln und diese auf andere gesellschaftliche Erfahrungsbereiche der Kinder beziehen;
- durch Kontakte mit älteren Menschen auf unterschiedliche Lebensbedürfnisse und Sichtweisen aufmerksam werden und eigene formulieren lernen.

Bei der Auseinandersetzung mit diesen Inhalten erwerben die Kinder auch methodische Kompetenzen, die sie befähigen, mit neuen Fragestellungen umzugehen und die sie ermutigen, sich an der Gestaltung ihrer Umwelt zu beteiligen, wie:
- Partizipation üben;
- kulturelle und physische Verschiedenheit (auch der Geschlechter) respektieren und auf sozial angemessene Weise mit ihr umgehen;
- Argumentieren lernen;
- Informationen sammeln und auswerten;
- Meinungen bilden;
- Problemlösungen entwerfen und aushandeln;
- Erkundungen vorbereiten, durchführen und auswerten;
- Dokumentieren;
- Fallbeispiele darlegen.

3.1.3 Vernetzungsbeispiel

Das Thema „Arbeit und Umwelt“ umfasst neben der Umweltperspektive („Umweltverträglichkeit“, „Nachhaltiger Umgang mit Ressourcen“, „Verkehrstechnische Lösungen“, „Ökologisierung der Schule“) die sozial-politische („Interessenkonflikte“, „Zusammenhänge von Armut und Reichtum“, „Haus- und Erwerbsarbeit“, „Arbeit und Arbeitslosigkeit“), die technische („Entwicklung von technischen Arbeitsabläufen“, „Einfluss von technischen Erfindungen“), die historische („Wege des Gewordenseins“, „Zusammenhang zwischen Arbeits- und Lebensbedingungen in früheren Zeiten“) und die raumbezogene Perspektive („Produktion und Dienstleistung am Ort“, „Wege für Zulieferung und Handel“).

3.2 Raumbezogene Perspektive

3.2.1 Kompetenzen

1. Verstehen, dass sich das Leben der Menschen in Räumen vollzieht. Räume bewusst wahrnehmen, diese zielgerichtet erschließen und sich in ihnen orientieren, reale und virtuelle Räume unterscheiden, öffentliche und private Räume charakterisieren und ihre gesellschaftlichen bzw. individuellen Funktionen begreifen.
   Hierzu gehören die Fähigkeiten,
   - Räume unterschiedlicher Dimension wahrzunehmen und Grenzerfahrungen zu sammeln,
   - sich Räume mit Hilfe von Karten, Skizzen, Beschreibungen u.a. Hilfsmitteln zu erschließen und Raumgegebenheiten zu erfassen,

- sich in aufgesuchten Räumen unmittelbar zu orientieren,
- Räume nach Erscheinungs- und Funktionsmerkmalen voneinander zu unterscheiden und zu gliedern (ihnen Qualitäten und Funktionen zuzuordnen),
- virtuelle Räume als Ausdrucksform des menschlichen Denkens zu unterscheiden.

2. Verstehen, dass Räume unsere natürliche Lebensgrundlage darstellen und Menschen von natürlichen Bedingungen und Faktoren abhängig sind. Wissen, dass Räume naturgegeben und unterschiedlich ausgestattet sind, dass in Räumen natürliche Kräfte/Prozesse wirken und sich bedingen und diese Wirkungszusammenhänge von den Menschen erkannt und beachtet werden müssen.
   Hierzu gehören die Fähigkeiten,
   - in raumgebundenen Phänomenen natürliche Faktoren und Prozesse und deren Wechselbeziehungen zu erkennen und zu durchschauen,
   - die naturgegebene Ausstattung von Räumen zu beschreiben, zu erfassen und zu vergleichen,
   - Verfahren zur Informationsbeschaffung und Datenerfassung anzuwenden, Daten und Informationen auszuwerten und zu dokumentieren.

3. Verstehen, dass Menschen seit je her Gestalter und Nutzer von Räumen sind. Wissen, dass Menschen Räume nach ihren Bedürfnissen nutzen, gestalten und verändern, dass Räume durch Leistungen vieler Generationen beeinflusst oder geprägt wurden, damit Lebens- und Wirtschaftsweisen von Menschen widerspiegeln und gegenwärtige Gegebenheiten in der Zukunft auch veränderbar sind.
   Hierzu gehören die Fähigkeiten,
   - die Gestaltung von Räumen zu erfassen, zu vergleichen und zu bewerten,
   - Räume nach Erscheinungsbild sowie nach sozialen und wirtschaftlichen Aufgaben und Funktionen zu erfassen und zu gliedern,
   - die Gestaltung und Nutzung von Räumen in ihrer Entwicklung und Veränderung zu erfassen, zu durchschauen und zu beurteilen,
   - die Leistungen der Menschen bei der Gestaltung von Räumen zu verschiedenen Zeiten zu erkennen und in ihrer Bedeutung für heute zu erfassen,
   - Verfahren zur Informationsbeschaffung und Datenerfassung anzuwenden, Daten und Informationen auszuwerten und zu dokumentieren.

4. Verstehen, dass jeder Mensch Mitverantwortung für die Bewahrung und Gestaltung von Räumen, für den Erhalt seiner Umwelt und Mitwelt trägt. Wissen, dass die heutige und zukünftige Gestaltung und Veränderung von Räumen im Einklang von Natur, Sozialem und Wirtschaft erfolgen sollte und dass jeder Einzelne für sein Tun mitverantwortlich ist.
   Hierzu gehören die Fähigkeiten,
   - gesellschaftliche Vereinbarungen zum Schutz der Lebensräume von Menschen, Tieren und Pflanzen sowie zum Schutz natürlicher Ressourcen zu erfassen und in Situationen umzusetzen,

· raumverändernde Maßnahmen in ihrer Wirkung zu erfassen, kritisch zu reflektieren und zu bewerten,
· sich an konkreten Planungen für die Gestaltung der eigenen Umwelt zu beteiligen, Vorschläge und Lösungsansätze zu entwerfen und, wenn möglich, an deren Realisierung aktiv mitzuwirken (Partizipation und Antizipation),
· virtuelle Räume als Medium der Information, Kommunikation und Zusammenarbeit zu nutzen,
· Verfahren zur Informationsbeschaffung und Datenerfassung anzuwenden, Daten und Informationen auszuwerten und zu dokumentieren.

3.2.2 Inhalts- und verfahrensbezogene Beispiele

Die Inhalte und Verfahren des raumbezogenen Lernens stammen aus Bereichen, die für Kinder bedeutsam und zugänglich und in den Raumwissenschaften grundlegend sind. Beispielhaft lassen sich folgende Inhalte und Verfahren anführen:
· Schule, Schulgelände, Schulgarten und Schulwege;
· Dorf/Stadtteil, Stadt;
· Wohnen und Wohnumgebung, Wohnfunktionen (Schutz, Regeneration, Versorgung, Sozialisation, Haushaltsausstattung) hier und anderswo;
· Arbeitsplätze/Arbeitsstätten;
· Versorgungs- und Entsorgungseinrichtungen;
· Dienstleistungseinrichtungen;
· Spiel- und Freizeiteinrichtungen in der Umgebung;
· typische Gegebenheiten der Region;
· Bundesland, Deutschland, Europa, Welt im Überblick;
· Wettererscheinungen, Wetterbeobachtung;
· Wasser, Boden, Luft: Kreisläufe, Nutzung, Schutz;
· Gestaltung, Gefährdung und Schutz des Lebensraumes von Menschen, Tieren und Pflanzen;
· Wege- und Lageskizzen anlegen;
· Wege beschreiben;
· raumbezogene Phänomene beobachten und beschreiben, Grundrisse lesen und zeichnen;
· Modelle im Sandkasten bauen, Umgang mit Wohnmodellen;
· Skizzen und Karten lesen, anfertigen, auswerten, für Planungen nutzen;
· Umgang mit Luftbildern üben;
· Orientierungshilfen nutzen (Kompass);
· Himmelsrichtungen bestimmen;
· Entfernungen mit Hilfe einfacher Verfahren in der Natur (Vergleichen, Schätzen) und des Maßstabs aus einer Karte ermitteln;
· Informationen sammeln, bewerten, auswerten, darstellen;
· Erkundungen, Interviews vorbereiten, durchführen, auswerten, darstellen;

- Fragen an Quellen, Zeitzeugen und Fachleute formulieren;
- Geräte (Fernglas, Thermometer, Mikroskop) einsetzen und handhaben;
- Experimente planen, durchführen, auswerten, dokumentieren;
- Recherchen im Internet durchführen;
- virtuelle Räume als Medium der Information, Kommunikation und Zusammenarbeit nutzen;
- einfache Himmelsbeobachtungen durchführen und bewerten (Tagbogen der Sonne, Mondphasen, zirkumpolare Sternbilder).

3.2.3 Vernetzungsbeispiel

Das Thema „Wohnen und Wohnumgebung hier und anderswo" ist mit der historischen Perspektive („Wie haben die Menschen an unserem Ort in früheren Zeiten gewohnt?"), mit der technischen („Ein Fachwerkhaus wird gebaut", „Ein Dach wird mit Dachpfannen, mit Reet gedeckt", „Wasserleitungen"), der naturwissenschaftlichen („Eigenschaften von Baumaterial", „Weshalb Isolationsmaterial beim Hausbau?") sowie der sozial- und kulturwissenschaftlichen Perspektive („Verschiedene Siedlungsformen deuten auf verschiedene Lebensweisen", „Verschiedene Baustile", „Verschiedene Wohnungseinrichtungen und Funktionen von Räumen") vernetzt.

3.3 Naturwissenschaftliche Perspektive

3.3.1 Kompetenzen

1. Naturphänomene sachorientiert wahrnehmen, beobachten, benennen und beschreiben. Hierzu gehören:
   - differenzierendes Wahrnehmen von Phänomenen als Einheit und als Teil des gesamten Wahrnehmungsfeldes;
   - Bezeichnen der besonderen Kennzeichen von Phänomenen;
   - Entdecken und Kennenlernen grundlegender Eigenschaften von Materialien, Pflanzen und Tieren.
2. Ausgewählte Naturphänomene auf physikalische, chemische und biologische Gesetzmäßigkeiten zurückführen und zwischen Erscheinungen der belebten und der unbelebten Natur unterscheiden können. Hierzu gehören:
   - Erkennen von Phänomen, Identifizieren von Veränderungen in der unbelebten Natur und Zurückführen dieser Veränderungen auf physikalische Regelhaftigkeiten und auf Stoffumwandlungen;
   - Erkennen der Kennzeichen des Lebendigen in der belebten Natur. Dazu zählen: Stoffwechsel, Wachstum, Entwicklung, Reizbarkeit, Bewegung, Fortpflanzung und Vererbung;
   - Erarbeiten von Interpretationsmustern (z.B. Nahrungskette, Kreisläufe, Lebensraum und Lebensgemeinschaft [Biotop, Biozönose, Ökosystem, Symbiose]) sowie von Denkmodellen (Konzepten) (z.B. Wechselwirkung und Erhaltung).

3. Fragehaltungen aufbauen, Probleme identifizieren und Verfahren der Problemlösung anwenden. Hierzu gehören:
   · Entwickeln und Formulieren von Vermutungen;
   · Recherchieren von Informationen;
   · Entwerfen, Durchführen und Auswerten von Versuchen;
   · Darstellen von Ergebnissen;
   · Übertragen von Erkenntnissen aus Versuchen auf weitere Naturphänomene;
   · an Beispielen erfahren, dass mit dem experimentellen Verfahren Wissen aufgebaut werden kann und Sachverhalte intersubjektiv feststellbar sind;
   · an Beispielen erfahren, wie man ein Experiment als eine Frage an die Natur ausdenkt, ausführt und auswertet.
4. Die Regelhaftigkeiten der unbelebten Natur auch als Bedingungen für die Existenz der belebten Natur verstehen. Hierzu gehören:
   · Erkennen von Regelhaftigkeiten der unbelebten Natur in Prozessen der belebten Natur;
   · Erkennen der Abhängigkeit der belebten Natur von Regelhaftigkeiten der unbelebten Natur;
   · Wissen um Kreisläufe in der Natur und deren Bedeutung für die belebte Natur und für uns Menschen.
5. Gründe für einen verantwortlichen Umgang mit der Natur erfassen. Hierzu gehören:
   · Wissen um die Begrenztheit von Ressourcen;
   · Wissen um den Zeitbedarf der Regeneration von Ressourcen;
   · Wissen um die Bedeutung der Artenvielfalt und um die Notwendigkeit, diese zu erhalten.

3.3.2 Inhalts- und verfahrensbezogene Beispiele

Im 1. und 2. Schuljahr liegt die Akzentuierung auf der ersten Kompetenz: „Lernen, Naturphänomene wahrnehmen, beobachten, benennen und beschreiben". Beispiele:
· Erscheinungen und Namen von Pflanzen und Tieren;
· Körper von Mädchen und Jungen;
· Essen und Trinken, gesunde Ernährung;
· Gesundheit und Krankheit;
· Tag und Nacht, Tagbogen der Sonne und Jahreszeiten;
· Sonne, Mond und Sterne;
· Steine und Mineralien;
· Bekleidung, Textilien, Waschen;
· Eigenschaften von Materialien;
· Schmelzen und Erstarren;
· Wärmeausdehnung (Thermometer);
· Verbrennungsprozesse;
· Wettererscheinungen;

· Licht, Farbe und Schatten;
· Kräfte von Wind und Wasser.

Dabei sollen schon im 1. und 2. Schuljahr folgende Verfahren berücksichtigt werden: Betrachten, Beobachten, Beschreiben, Bestimmen, Sammeln und Ordnen, Untersuchen und Prüfen, Vergleichen und Messen, Pflegen und Gestalten, einfache Versuche ausdenken, durchführen und auswerten.
Im 3. und 4. Schuljahr sollen die in den beiden ersten Schuljahren erarbeiteten Inhalte und Verfahren vertiefend weitergeführt werden. Die genannten Kompetenzen 2 bis 5 erhalten mit dem Fortgang der Lernprozesse zunehmende Bedeutung.

Bereiche und Beispiele:
· Entwicklungs- und Lebensbedingungen von Menschen, Tieren und Pflanzen: Körperbau von Menschen, Wirbeltieren und Insekten; Aufbau und Bestandteile von (höheren) Pflanzen; Wachstum, Stoffwechsel, Lebensbedürfnisse und Fortpflanzung von Menschen, Tieren und Pflanzen; Lebensräume, Lebensgemeinschaften und Artenvielfalt; Produktion und Verarbeitung ökologischer Lebensmittel;
· Eigenschaften von Stoffen: Eigenschaften von Werkstoffen wie Holz, Glas, Metall, Kunststoffen; Stoffgemische aus Feststoffen; Eigenschaften unterschiedlicher Flüssigkeiten wie Wasser, Öl, Essig (z.B. Geschmack, Zähigkeit); Stoffgemische aus Flüssigkeiten; Aggregatzustände des Wassers; Lösungen, Lösungsverhalten von Feststoffen in Wasser am Beispiel Zucker und Salz in Temperaturabhängigkeit;
· Stoffveränderung als chemische Stoffumwandlung: Verbrennungsprozesse am Beispiel der Verbrennung einer Kerze; Feuer und Brandschutz; Oxidation von Metallen wie Eisen, Kupfer oder Silber an der Luft; Sauerstoff und Atmung;
· physikalische Regelhaftigkeiten: Schall und Schallübertragung; Licht und Schatten; Schwimmen und Sinken; Luft und Luftdruck; Elektrischer Strom und seine Nutzung; magnetische Effekte und Kompass; Erfahrungen mit dem Hebel, wie z. B. mit Wippe/Waage; Wärme und Wärmeausdehnung; Zustandsänderungen (fest – flüssig – gasförmig); Naturkräfte: Wind und Wasser;
· meteorologische und kosmologische Zusammenhänge: Wettererscheinungen, Wetterkarte und Wettervorhersage; Wind und Wolken; Erde, Mond, Sonne und Sterne; Tagbogen der Sonne, Sonnenuhr; Jahreszeiten;
· gesundheitsfördernde Lebensweise: Grundregeln für gesunde Ernährung; Bedeutung von Bewegung und Sport; Schutz vor Erkrankungen und Verletzungen; Stressbewältigung durch Entspannung; Drogenprävention;
· Umweltgestaltung, Umweltschutz und Umweltgefährdung: Kenntnisse über Arten, Biotope und Lebensbedingungen; Anlage und Erhaltung eines nach ökologischen Gesichtspunkten gestalteten Schulgeländes und Schulumfeldes; Bedeutung der Pflege im Umgang mit Flora und Fauna; Gefährdungen durch Umweltverschmutzungen.

Bei der Auseinandersetzung mit diesen Inhalten kommt den Kompetenzen im Hinblick auf naturwissenschaftliche Verfahren besondere Bedeutung zu.

Hierzu gehören:
Betrachten, Beobachten, Beschreiben, Bestimmen, Sammeln und Ordnen, Klassifizieren, Untersuchen, Vergleichen, sensorische Wahrnehmungen (schmecken, riechen, hören, tasten), Messen, Vergleich von Sinneswahrnehmung und Messverfahren, Pflegen und Gestalten, Dokumentieren, Protokollieren, Formulieren von Vermutungen und Deutungen, Interpretieren, Planen, Durchführen und Auswerten von Versuchen, Begründen und Überprüfen von Aussagen, Formulieren und Bewerten von Erklärungen, sachkundiges Zeichnen, Erstellen und Auswerten von Tabellen und Diagrammen.

3.3.3 Vernetzungsbeispiel

Die naturwissenschaftliche Perspektive ist auf vielfältige Weise mit anderen Perspektiven, verknüpft. Aber auch in der naturwissenschaftlichen Perspektive selbst ergeben sich innerhalb der Sachunterrichtsthemen Verbindungen zwischen chemischen, physikalischen, biologischen und ökologischen Aspekten. Im Unterricht sollen diese Perspektiven nach Maßgabe des jeweiligen Themas in Beziehung zueinander gesetzt werden. Dabei lernen die Kinder, in Zusammenhängen zu denken und ihr Wissen zu vernetzen.
Wenn sich Grundschulkinder mit dem Thema Luft auseinandersetzen, entdecken sie, dass Luft Raum einnimmt, einen Widerstand verursacht, Gewicht hat und sich bei Erwärmung ausdehnt (physikalischer Aspekt). Sie erarbeiten, dass Luft Sauerstoff enthält, der für unsere Atmung, für Verbrennungs- und Oxidationsprozesse wichtig ist (chemischer und biologischer Aspekt) und dass die Verschmutzung der Luft sich auf die Umwelt gefährdend auswirken kann (ökologischer Aspekt).
Durch Beobachtungen, durch einfache Experimente und auch durch Messungen erfahren die Kinder, dass Luft insgesamt ein ungeheures Gewicht hat und auf alle Gegenstände auf der Erde einen großen Druck ausübt (physikalischer Aspekt), dass man diesen Druck nutzen kann, um z.B. Lebensmittel durch Einwecken haltbar zu machen (hauswirtschaftlicher Aspekt) und dass Druckveränderungen Einfluss auf das Wetter haben (meteorologischer und technischer Aspekt). Phänomene aus der Alltagswelt, wie z.B. das Geräusch, das beim Öffnen einer vakuumisierten Erdnusspackung entsteht, werden so verstehbar.
Geschichtliche Bezüge, wie die Entdeckung der Wirkungen des Luftdrucks, der Bau eines Barometers und die Vorhersage des Wetters durch den Magdeburger Bürgermeister Otto von Guericke zeigen darüber hinaus, wie Menschen Gesetzmäßigkeiten in der Natur erforscht und neues Wissen konstruiert haben (historischer Aspekt).

3.4 Technische Perspektive

3.4.1 Kompetenzen

1. Wichtige technische Verfahrensweisen anwenden können. Hierzu gehören:
   - das sachgerechte Verwenden einfacher Werkzeuge und Vorrichtungen und das Herstellen;
   - das sach- und umweltgerechte Verwenden von Materialien;
   - das Planen, Bauen, Konstruieren und Nacherfinden;
   - das Montieren, Demontieren und Analysieren;
   - das zeichnerische und sprachliche Entwerfen und Darstellen;
   - das Experimentieren;
   - das Vergleichen und Bewerten.
2. Wichtige technische Zusammenhänge in den Bereichen Arbeit und Produktion, Transport und Verkehr, Ver- und Entsorgung, Bauen und Wohnen, Information und Kommunikation verstehen und erklären können.
3. Wichtige technische Erfindungen nachvollziehen, in ihrer Bedeutung für die Menschheit erfassen und in einen geschichtlichen Zusammenhang einordnen können.
4. An Beispielen technische Entwicklungen im Hinblick auf Bedingungen und auf erwünschte und nicht erwünschte Auswirkungen einschätzen und bewerten können. Alternativen zu gegenwärtiger Technik erdenken können.
5. Jungen und Mädchen bilden auf der Basis erworbenen Könnens, Wissens und Verstehens Interesse sowie ein positives Bewusstsein ihrer eigenen technikbezogenen Fähigkeiten aus.

3.4.2 Inhalts- und verfahrensbezogene Beispiele

Die Inhalte technischen Lernens stammen aus Bereichen, die für Kinder bedeutsam und zugänglich sind und die darüber hinaus in den technischen Wissenschaften grundlegend sind. Die Inhalte sollen didaktisch ergiebig sein, d.h. den Erwerb der oben genannten Kompetenzen ermöglichen.

Beispiele:

- Werkzeuge und einfache Maschinen als Hilfen für alltägliche Anforderungen (Werkzeuge herstellen und nutzen, Funktionsweisen von Werkzeugen, Geräten und Maschinen, z.B. von Automaten wie der Waschmaschine im Haushalt);
- Funktionsweisen und Nutzen von Gebrauchsgegenständen und Spielzeugen (Bügeleisen, Fahrzeuge);
- Wirkungen, Wandlung, Übertragung und Nutzung von Kräften (Naturkräfte Sonne, Wind und Wasser, elektrische Energie, Arbeitsmaschinen);
- Ver- und Entsorgung (Wasser, Klärwerk, Müll, Nahrungsmittel und ihre Konservierung, Papierrecycling);
- technische Artefakte als bedürfnisorientierte Problemlösungen (Bauwerke, Kran, Wind- und Wassermühle);

- Fertigungsverfahren (Einzel-, Serien- und Massenfertigung);
- Konservierungsverfahren, Verarbeitungsgrade bei Lebensmitteln (Rohware, Teilfertig- und Fertigprodukte);
- Erfindungen und Kulturleistungen der Menschheit (Rad, Buchdruck, Konservierung von Lebensmitteln, Papier, Fahrzeuge, Kommunikations- und Informationsmedien wie z.B. der Computer);
- geschichtliche Entwicklung technischer Geräte und Systeme (z.B. Bohrgeräte, Waschmaschine, Verkehrsmittel);
- Berufe und Arbeitsstätten (z.B. Backen zu Hause, in der Bäckerei, in der Brotfabrik);
- Arbeit und ihre Bedeutung für die Menschen (Hausarbeit, Schularbeit, Erwerbsarbeit, Arbeitslosigkeit, unbezahlte Arbeit);
- technische Veränderungen/Entwicklungen im Vergleich von früher und heute und in ihren Auswirkungen auf Mensch und Umwelt (z.B. Backen, Waschen, Hausbau, Papierherstellung früher und heute).

Bei der Auseinandersetzung mit diesen Inhalten erwerben die Kinder auch Kompetenzen im Hinblick auf wichtige technische Verfahren:
- einfache Werkzeuge und Vorrichtungen sachgerecht und sicher verwenden (z.B. Hammer, Zange, Säge, Messer, Schere, manuelle Bohrmaschine, Reißzeug);
- etwas herstellen (Papier, Gefäße aus Ton, Buchstütze, Spielzeuge, z.B. ein Fahrzeug aus Holz nach eigenen Entwürfen und nach Vorgaben);
- Bauen und Konstruieren (z.B. Kran, Wasser- und Windräder, eine Beleuchtungsanlage, historische Arbeitsmaschinen, z.B. ein wasserradgetriebenes Hammerwerk, Brücken, Türme, Gebäude, Messgeräte, z.B. eine einfache Waage, ein Windmessgerät);
- Entwürfe und Lösungen zeichnerisch und sprachlich darstellen;
- etwas montieren, demontieren, analysieren (z.B. Montieren, Reparieren einer Beleuchtungsanlage am Fahrrad, Analysieren des Getriebes am Fahrrad, Montieren der Bereifung, Analyse der Funktionsweise der Fahrradklingel, Analyse der Funktionsweisen bei Fön, Bügeleisen, Handbohrmaschine, Luftpumpe);
- durch einfache technische Experimente grundlegende technische Wirkungsprinzipien erkunden (z.B. Zahnradübersetzungen, stabile Grundformen);
- technische Entwicklungen vergleichen (z.B. Arbeit auf einem modernen Bauernhof mit Bauernhof früher vergleichen; analog Brotfabrik, Bäckerei, Brotbacken zu Hause);
- die Folgen des technischen Wandels bewerten (Zeitungsdruckerei früher und heute, Schreibmaschine, Computer).

3.4.3 Vernetzungsbeispiel

Die technische Perspektive ist auf vielfältige Weise mit Aspekten anderer Perspektiven vernetzt. Innerhalb eines exemplarischen Themas, beispielsweise „Vom Korn zum Brot“, erarbeiten die Schülerinnen und Schüler handlungsintensiv, wie aus Weizenkörnern Weizenpflanzen heranwachsen, welche Getreidesorten es gibt (biologischer Aspekt; ökologischer Aspekt); wie Getreide geerntet und zu Mehl verarbeitet wird (technischer Aspekt); wie es früher war, als es noch keine Maschinen gab (historisch-technischer Aspekt); wie aus Getreide Nahrungsmittel, z.B. Müsli, Nudeln oder Brot, zubereitet werden (technischer Aspekt); welche Bedeutung vollwertige Produkte für eine gesunde Ernährung haben (hauswirtschaftlicher Aspekt) und wie Brote in der Bäckerei und in der Brotfabrik hergestellt werden (arbeitswissenschaftliche, technische, hauswirtschaftliche Aspekte). Erst im Zusammenhang mit außertechnischen Aspekten erschließt sich die Bedeutung von Technik für unser Leben.

3.5 Historische Perspektive

3.5.1 Kompetenzen

1. Erkennen, dass unser Wissen von der Geschichte von überlieferten Quellen abhängt und dass das bei der Auswertung der Quellen entstehende Wissen kein genaues Abbild vergangenen Geschehens ist, sondern immer nur eine vorläufige, begrenzte, perspektivische Annäherung an die damalige Wirklichkeit sein kann. Dies beim Umgang mit Quellen und Darstellungen berücksichtigen können.
2. Verstehen, dass ihre Gegenwart das Ergebnis vergangener Entwicklungen (Entscheidungen oder Nicht-Entscheidungen, Handlungsweisen, Erfindungen, Entdeckungen etc. von Menschen der Vergangenheit) ist und dass gegenwärtige Verhältnisse daher als veränderlich, veränderbar und zukunftsoffen wahrgenommen werden können.
3. Wissen, dass das Denken und Handeln von Menschen in der Vergangenheit immer nur vor dem Hintergrund damaliger Bedingungen zu verstehen ist. Daher an konkreten Beispielen das Handeln von Menschen aus ihrer jeweiligen Zeit heraus beurteilen und dabei Gemeinsamkeiten und Unterschiede zu heute herausarbeiten können.

3.5.2 Inhalts- und verfahrensbezogene Beispiele

Die Inhalte historischen Lernens stammen aus Bereichen, denen Kinder Interesse entgegenbringen und die didaktisch ergiebig, im Sinne der oben formulierten Kompetenzen, bearbeitet werden können (z.B. Sozialgeschichte, Alltagsgeschichte, Mentalitätsgeschichte, Technikgeschichte).

Beispiele:

- Rekonstruktion eines Ereignisses aus der „Klassengeschichte" (z.B. Einschulung, gemeinsamer Ausflug, Schulfest);
- die eigene Geschichte oder die der Familie anhand von geeigneten Quellen schreiben;
- Geschichte des Stadtteils oder der Schule erforschen (Quellensuche: Bauten, Denkmäler, Straßennamen, Zeitzeugen, Zeitungen, Bildmaterial, Gegenstände etc.); anschließend Entwurf einer zukünftigen Stadt bzw. Schule;
- das Leben auf einem Bauernhof früher aus der Perspektive eines Bauern, einer Bäuerin und eines Knechts, einer Magd erzählen;
- den Entstehungsprozess einer für das Kind bedeutsamen örtlichen Einrichtung (z.B. Schule, Kindergarten, Einkaufsstätte, Wohnsiedlung) rekonstruieren;
- den Wandel der Lebensverhältnisse durch Erfindungen von Alltagsgegenständen (z.B. die Erfindung der Glühlampe) erforschen: wie verändern heutige Erfindungen (z.B. Internet, Gentechnik) unser zukünftiges Leben?, gemeinsames Nachdenken über die Möglichkeiten des einzelnen Menschen, sein Leben und dessen Umstände zu beeinflussen;
- die Lebensbedingungen von Kindern verschiedener sozialer Gruppen (Arm und Reich, Jungen und Mädchen) in verschiedenen Kulturen und Zeiten ermitteln;
- die Erziehungsziele und -mittel von Schule früher ermitteln und mit heutigen vergleichen;
- Alltag, Lebensverhältnisse, Sitten und Gebräuche, Glaubensvorstellungen in verschiedenen Kulturen (Indianer, Ägypter) oder in verschiedenen Epochen (Antike, Mittelalter) rekonstruieren und mit den eigenen vergleichen.

Bei der Auseinandersetzung mit diesen historischen Inhalten erwerben die Kinder auch methodische Kompetenzen, die sie in zunehmendem Maße dazu befähigen, sich selbstständig historischen Fragestellungen zu nähern. Hierzu gehören:

- Interpretation geeigneter (auch didaktisch aufbereiteter) Quellen wie Bilder, Texte, Fotos, Bauten, Inschriften, Straßennamen, Denkmäler, Karten;
- Informationen sammeln, bewerten, auswerten, darstellen (gezielte Fragen an Quellen formulieren);
- Gründe für die Eignung von Quellen nennen;
- Gesichtspunkte für Quellenvergleiche erkennen und anwenden (z.B. was kann man von Augenzeugen lernen/nicht lernen? Wie zuverlässig sind ihre Erinnerungen?);
- Regeln des Umgangs mit unterschiedlichen Interpretationen erarbeiten, einhalten und aufgabenangemessen verändern;
- Eigene Dokumentationen erstellen bzw. Geschichten schreiben (beginnend mit eigener Geschichte, Geschichte meiner Familie, später zu ausgewählten Inhalten aus der Geschichte);
- Rollenspiele auf Grundlage geschichtlicher Informationen vorbereiten und durchführen, in denen die Kinder versuchen, Entscheidungen oder Handlungsweisen vor dem Hintergrund der historisch anderen Rahmenbedingungen zu treffen und sich in die Situation der Menschen damals hineinzuversetzen;

- Zeitleisten erstellen;
- selbstständige Vorbereitung von Erkundungen (in Museen, Bauten, auf Straßen, Plätzen).

3.5.3 Vernetzungsbeispiel

Mit der historischen Perspektive lassen sich die vier anderen Perspektiven verknüpfen, um eine vernetzte Aufbereitung von Inhalten zu unterstützen. Exemplarisch lässt sich dies unter anderem am geschichtlich ausgerichteten Thema „Jungen und Mädchen – früher und heute“ verdeutlichen. Der Unterricht dazu könnte mit Blick auf die raumbezogene Perspektive damit beginnen, dass die Kinder unterschiedliche Freizeitangebote in ihrem Stadtteil erkunden und dabei die Angebote für Jungen und Mädchen miteinander vergleichen. Die Auswahl und Auswertung geeigneter Quellen, wie zum Beispiel des Stadtarchivs, alter Zeitungen, der Archive traditionsreicher lokaler Sportvereine etc. sowie die Befragung von „Zeitzeugen“ würde den Wandel geschlechtsspezifischer Aktivitäten und Angebote deutlich machen (historische Perspektive). Da die biologischen Merkmale von Jungen und Mädchen (naturwissenschaftliche Perspektive) sich nicht geändert haben, muss die veränderte Auffassung über geeignete Spiel- und Sportmöglichkeiten mit einer Veränderung von Rollenerwartungen an Jungen und Mädchen bzw. Mann und Frau einhergegangen sein (sozial- und kulturwissenschaftliche Perspektive). Die Frage, ob sich dies auch in einer Veränderung von Berufsbildern, vor allem im Bereich Handwerk und Technik sowie in den Haushalts- und Lebensformen ausdrückt (technische Perspektive), könnte zu einer Vertiefung dieser Auseinandersetzung mit geschlechtsspezifischen Rollenerwartungen führen.

4. Vorschläge zur Evaluation

Das Verständnis von Kompetenzen als Zusammenwirken verschiedener und umfassender Fertigkeiten und Fähigkeiten (siehe Abschnitt 1.3) beugt einer fachlichen Verengung und einem lediglich additiven Zusammenfügen einzelner Perspektiven vor. Die erwünschten Fähigkeiten und Fertigkeiten werden zwar bereichsspezifisch und damit hinreichend trennscharf definiert, indem sie auf ein Bündel zu bewältigender Situationen und Anforderungen bezogen werden. Sie müssen jedoch auch für jeweils andere Kompetenzen anschlussfähig sein und zielen dadurch auf bereichsübergreifende Nutzung.
Erweisbarkeit bzw. Evaluation der anzustrebenden Kompetenzen ist eine zentrale Bedingung für die erfolgreiche Umsetzung der Ideen im Unterricht. Ohne angemessene Formen der Beobachtung von Lernfortschritten erhalten Lehrerinnen und Lehrern keine zuverlässigen Hinweise über die Effektivität ihres Unterrichts. Zudem verlangen anspruchsvolle und fächerübergreifende Kompetenzen, die auch die Anwendung von Wissen einschließen, angemessene Formen für die Nachweisbarkeit. Gängige Schulleistungstests können dies nicht bieten. Vielmehr müssen Wege gefunden werden, die es Schülerinnen und Schüler ermöglichen zu zeigen, dass sie in der Lage sind, (auch in

Alltagssituationen) kompetent zu handeln. Die folgende Zusammenstellung legt dar, wie sich die Kompetenzen schwerpunktmäßig mit Bezug auf die Inhaltsfelder der einzelnen Perspektiven erweisen lassen.

Schwerpunkt sozial- und kulturwissenschaftliche Perspektive
Der Erwerb der Kompetenzen hat Auswirkungen auf die Praxis des Zusammenlebens sowohl in der Klasse und Schule als auch in anderen sozialen Zusammenhängen, auf die Aufmerksamkeit für andere Menschen, für sich selbst und für die Umwelt.

- Kinder suchen am Ende von vier Jahren Sachunterricht eigenständig Informationen zu Sachverhalten in der sozialen, kulturellen und natürlichen Umwelt durch Fragen an Gleichaltrige und Erwachsene, durch Recherchieren und Nachlesen in Büchern und anderen Texten und durch die Nutzung elektronischer Medien.
- Dabei sind sie aufmerksam für unterschiedliche Sichtweisen. Sie wissen, dass Aussagen von Menschen mit deren Erfahrungen und Besonderheiten ihrer Lebenssituation zu tun haben und sie können über eigene Sichtweisen im Zusammenhang mit eigenen Erfahrungen und der eigenen Lebenssituation (laut) nachdenken.
- Auf dieser Grundlage können sie Konflikte unter Gleichaltrigen durch Zusammentragen verschiedener Sichtweisen und Argumentationen beschreiben und verschiedene Lösungen erwägen. Sie können diese Erfahrung auf andere Menschengruppen übertragen, wenn sie von Konflikten lesen oder in den Medien hören und sehen.
- Sie wissen, dass nicht alle Kinder auf der Welt leben wie sie. In der Beschreibung der Unterschiede sind sie aufmerksam für soziale, ökologische und ökonomische Differenzen.
- Die Kinder verfügen über Kriterien bei der Beurteilung von Konsumgütern und sind in der Lage, diese Kriterien anzuwenden. Sie können die Abhängigkeit von natürlichen Lebensgrundlagen benennen und wissen, dass Rohstoffe, Arbeit und ggf. Technik sowie eine Botschaft, warum man sie kaufen sollte, „in den Konsumgütern steckt". Mit anderen Kindern gemeinsam können sie erwägen, warum sie bestimmte Dinge gern kaufen und was diese Kaufentscheidung auch für Andere (Eltern, Gleichaltrige, Händler und Produzenten) bedeutet.
- Die Kinder sind in der Lage, einige Vor- und Nachteile alternativer Konsumformen (gemeinsam nutzen, reparieren, tauschen, weniger verbrauchen, auf natürliche Bedingungen wie Jahreszeiten achten) zu benennen und zu berücksichtigen.
- Die Kinder haben eine Fragehaltung entwickelt, die aufmerksam ist für Differenzen (warum ist das so?) und für Alternativen (was wäre wenn?). Dies können sie bei der Aushandlung von Meinungen in der Klasse, beim Beobachten von Situationen im Gemeinwesen, beim Ansehen von Fernsehsendungen demonstrieren.
- Zugleich sind sie in der Lage, Kenntnisse und praktische Verfahren zum Gestalten ihres Zusammenlebens in der Klasse und in der Schule vorzuschlagen, umzusetzen und zu erproben.
- Kinder wissen um wichtige öffentliche Institutionen und deren Aufgaben und sie sind in der Lage, dieses Wissen in partizipativen Projekten im Gemeinwesen zu nutzen.

Schwerpunkt raumbezogene Perspektive

Kompetenzen werden erkennbar:

- in der Sicherheit der Raumerfahrung, in der Beschreibung und Klassifikation von Räumen, in der Orientierung im Raum, im Anlegen von Skizzen, im Lesen und Auswerten von Karten unter angemessener Beachtung von Maßstab und Legende (Verkleinerung und Generalisierung);
- in dem Interesse an Phänomenen der natürlichen Umwelt, an differenziertem Erfassen von natürlichen Faktoren und Wirkungsgefügen;
- in dem Verständnis, der Aufgeschlossenheit und dem Interesse für Gegebenheiten in Räumen (Gestaltung, Veränderung, Nutzung und Ausstattung): Nutzungsprobleme, Nutzungskonflikte in Räumen, gesellschaftliche Normen, vereinbarte Regelungen, Vorschriften für die Gestaltung und Nutzung von Räumen;
- in dem Verständnis und der zunehmenden Aufgeschlossenheit für Entwicklung und Veränderung in und von Räumen, für Leistungen früherer Generationen, die heute noch raumprägend sind, für Planungen der zukünftigen Gestaltung und Nutzung von Räumen;
- in dem fragen- und problemgeleiteten Einsatz von Verfahren zur Daten- und Erkenntnisgewinnung.

Schwerpunkt naturwissenschaftliche Perspektive

Kompetenzen werden erkennbar, indem Kinder zum Beispiel:

- Pflanzen, Blätter und Früchte zuordnen;
- Pflanzen und Tiere bestimmen, benennen, ihre Lebensbedingungen beschreiben und die Bedeutung der Qualität ihrer Lebensräume erkennen;
- typische Merkmale und Bedürfnisse bestimmter Pflanzen (Pflanzenarten) und Tiere (Tierarten) benennen;
- Pflanzen und Tiere sachgerecht pflegen können;
- Lebensphasen von Pflanzen und Tieren in den Jahreszyklus einordnen;
- Eigenschaften von Stoffen benennen, Stoffe nach Merkmalen unterscheiden und ausgewählte Stoffumwandlungen merkmalsbezogen beschreiben;
- Regelmäßigkeiten in chemischen und/oder physikalischen Prozessen angeben;
- einen Versuch beschreiben (angesichts des Aufbaus oder aus der Vorstellung) und angeben, was mit diesem Versuch geprüft wird;
- einen Versuch (nach einem Vorbild, einer Anleitung) aufbauen, in Gang setzen, verbessern;
- sich eine Versuchseinrichtung ausdenken und darstellen (sprachlich, zeichnerisch, mit Materialien);
- eine Problemlösung entwickeln, diskutieren, erproben und optimieren;
- ein naturwissenschaftlich beschreibbares Phänomen oder einen Sachverhalt erläutern;
- ökologische Zusammenhänge (an einem Beispiel) erläutern;
- Wissen in neuen Zusammenhängen anwenden und Transferleistungen erbringen;
- mit Geräten und Hilfsmitteln sachgerecht umgehen.

Schwerpunkt technische Perspektive

Kinder können ihre erworbenen technischen Kompetenzen erweisen, indem sie zum Beispiel:

- sachgerecht und sicher mit Werkzeugen umgehen;
- Geräte und Materialien sachkundig und zweckangemessen auswählen und deren Qualität und Umweltverträglichkeit beurteilen;
- Kriterien für den Erwerb oder Nichterwerb von Produkten benennen können;
- technische Problemlösungen entwickeln, diskutieren, erproben und optimieren;
- technische Entwürfe und Problemlösungen zeichnerisch darstellen;
- technische Funktionszusammenhänge erklären;
- erworbenes technisches Wissen anwenden und transferieren;
- Arbeitsplätze und Arbeitsbedingungen kennen und beschreiben;
- Bedienungsanleitungen verstehen;
- Kosten-/Nutzenabwägungen anstellen;
- Folgewirkungen von Technik beschreiben und bewerten;
- das persönliche Verhältnis und geschlechtsspezifische Zugänge zur Technik reflektieren.

Schwerpunkt historische Perspektive

Der Erwerb der für die historische Perspektive genannten Kompetenzen lässt sich am Verhalten der Kinder im individuellen und gemeinsamen Umgang mit historischen Fragestellungen und historischen Methoden erkennen. Als Beispiele seien genannt:

- Bei der Anfertigung von Rekonstruktionszeichnungen oder der spielerischen Darstellung früherer Lebensbedingungen überlegen und prüfen die Kinder, was als „gesichert" gelten kann und was auf Vermutungen und Vorstellungen über das Leben in früheren Zeiten basiert; verschiedene Möglichkeiten werden erwogen und diskutiert.
- Bei der Arbeit mit einer Quelle stellen die Kinder Fragen, die sich auf den Aussage- oder „Wahrheits"gehalt der in ihnen enthaltenen Informationen beziehen und finden Möglichkeiten, diesen (durch den Vergleich mit anderen Quellen oder die selbstständige Informationssuche) zu überprüfen.
- Bei der Untersuchung des eigenen Lebensumfeldes finden die Kinder selbstständig „Spuren" und Zeugnisse der Vergangenheit.
- Bei der Rekonstruktion und Inszenierung des Wandels von Lebensbedingungen durch Erfindungen werden soziale Auswirkungen der Neuerung mitbedacht.
- Bei der Rekonstruktion von Tagesabläufen der Menschen vergangener Zeiten werden die unterschiedlichen sozialen und materiellen Lebensbedingungen berücksichtigt.
- Die Kinder können zwischen den Bedürfnissen, Wünschen und Zukunftserwartungen der Kinder aus fremden Kulturen und vergangenen Zeiten und den eigenen Vorstellungen unterscheiden und diese auf die jeweils unterschiedlichen Lebensbedingungen zurückführen.

- In Vorbereitung auf ein Rollenspiel weisen die Kinder selbst auf wichtige Unterschiede der Lebensbedingungen hin und versuchen, sich die historisch andere Situation zu vergegenwärtigen sowie Unterschiede zwischen den Handlungsbedingungen und daraus resultierende Konsequenzen konkret zu erfassen.
- Bei der Anfertigung fiktiver Texte sind die Kinder in der Lage, sich vor dem Hintergrund der damaligen Lebensverhältnisse und Denkweisen in die mögliche Vorstellungswelt der Person aus einer früheren Zeit hineinzuversetzen.

5. Sicherung von Voraussetzungen für den Sachunterricht

Damit die Praxis des Sachunterrichts den hohen Bildungsansprüchen an dieses Kernfach der Grundschule gerecht werden kann, bedarf es der Sicherung und des Ausbaus stützender Rahmenbedingungen. Dazu gehören vor allem:

- **ausreichende Unterrichtszeit**
  Sachunterricht benötigt ausreichende Unterrichtszeit, insbesondere um Verstehensprozesse der Schülerinnen und Schüler zu fördern sowie um Handlungskompetenzen aufzubauen. Ausreichend Zeit ist aber auch deshalb erforderlich, damit die Lerngewinne und Kompetenzzuwächse der Schülerinnen und Schüler angemessen erhoben bzw. evaluiert werden können.
- **angemessene Ausstattung**
  Wenn die Schülerinnen und Schüler die Möglichkeit bekommen sollen fachgemäß zu handeln und Kompetenzen aufzubauen, ist eine sachangemessene Ausstattung der einzelnen Schulen, aber auch der Medienstellen unabdingbar, z.B. mit historischem Quellenmaterial, mit Materialien zur Durchführung naturwissenschaftlicher Experimente und mit technischem Werkzeug. Schulen und Schulgekände sollen Lern- und Erfahrungsräume sein, die nach ökologischen Gesichtspunkten angelegt und gestaltet werden.
- **unterrichtliche Gestaltungsspielräume**
  Eine breite Umsetzung der im Perspektivrahmen dargestellten Ideen in Unterrichtswirklichkeit ist nur dann möglich, wenn die Vorschläge dieses Perspektivrahmens entsprechend in den Richtlinien bzw. Lehrplänen der einzelnen Bundesländer aufgegriffen werden. Zu bedenken ist dabei, dass ausreichende Freiräume gegeben sein müssen, um die Lernvoraussetzungen der Schülerinnen und Schüler berücksichtigen zu können. Strenge, eng führende curriculare Vorgaben oder zentral gesteuerte Lernkontrollen sind aus diesem Grund abzulehnen.
- **spezifische Kompetenzen für Sachunterrichtslehrerinnen und -lehrer**
  Entscheidende Bedingungen für einen bildungswirksamen Sachunterricht sind die didaktischen, methodischen und fachlichen Kompetenzen von Lehrerinnen und

Lehrern, die Sachunterricht vorbereiten, durchführen und analysieren. Sie müssen im Stande sein, die einzelnen dargestellten Perspektiven kompetent in ihren Unterricht umzusetzen und diese Perspektiven auch miteinander in Verbindung zu setzen. Dabei darf sich das Bildungsverständnis von Lehrerinnen und Lehrern nicht nur auf deklaratives Fachwissen beziehen, sondern muss auch Handlungskompetenzen und professionelle Haltungen sowie ihre vielfältigen Zusammenhänge beinhalten. Lehrerinnen und Lehrer sollten bei ihrer Unterrichtsvorbereitung in der Lage sein, in komplexen Situationen und Problemfeldern sowie anhand komplexer Fragestellungen inhaltsbezogene Anknüpfungspunkte zu finden, die sachbezogene Auseinandersetzungen ermöglichen. Außerdem sollten sie gerade hinsichtlich der jeweiligen, zum Teil fachlich orientierten Verfahren selbst handlungskompetent sein, um eine Reduktion auf einfaches deklaratives Wissen zu vermeiden. Dazu gehört auch, dass sie lokale Kompetenz erwerben und die konkreten Gegebenheiten abstrahieren und in gesellschaftliche Zusammenhänge stellen können.

- **Sicherung eigenständiger Studienangebote**
  Die Anforderungen, die ein qualifizierter Sachunterricht an Lehrerinnen und Lehrer stellt, erfordern eine explizit sachunterrichtsdidaktische Vorgehensweise auch und gerade während des Studiums. Andere Fachdidaktiken, wie z.B. Geschichte, Biologie, Geographie, sind zwar in der Lage, einzelne Perspektiven zu bedienen. Aufgrund ihrer Ausrichtung ist es ihnen jedoch nicht oder nur sehr bedingt möglich, Fragestellungen perspektivenübergreifend aufzunehmen. Im Studium ist demnach für sämtliche Studierende, die die Befähigung erhalten sollen, Sachunterricht in der Primarstufe zu unterrichten, darauf zu achten, dass der integrative Anspruch des Sachunterrichts angemessen berücksichtigt wird. Dies gilt unabhängig davon, ob es ein eigenständiges Primar-stufenstudium gibt oder ob das Studium verschiedene Lehrämter kombiniert. Erforderlich sind neben ausreichenden (fach-)inhaltlichen Anteilen auch fächer- bzw. perspektivenübergreifende Inhalte aus spezifisch sachunterrichtsdidaktischer Sicht, z.B. in projektorientierten Studieneinheiten.

- **spezielle Lehrerfortbildungen für den Sachunterricht**
  Um Lehrerinnen und Lehrer in einzelnen Lernbereichen gezielt zu unterstützen, muss die Lehrerfortbildung intensiviert werden. In besonderer Weise gilt dies für das technische sowie für das naturwissenschaftliche Lernen.

Anhang:
Zur Entstehung des Perspektivrahmens

Mit der Ausarbeitung und Vorlage des Perspektivrahmens Sachunterricht hat sich die Gesellschaft für Didaktik des Sachunterrichts der bildungstheoretischen und bildungspolitischen Herausforderung gestellt, Aufgaben, Zielsetzungen und Bildungsinhalte des Sachunterrichts so zu beschreiben, dass dessen Relevanz für die Bildungsaufgabe der Grundschule und die Bedeutung des Sachunterrichts als wissenschaftliche Disziplin in der Lehrerbildung sichtbar wird.
Der Perspektivrahmen kann als konzeptioneller und inhaltlicher Beitrag zur Diskussion über die Entwicklung von Kerncurricula für Schulfächer gelesen werden.
Er bietet ein Rahmenkonzept, das

- die notwendige Balance zwischen allgemein verbindlichen Zielen und Offenheit in der inhaltlichen und methodischen Gestaltung wahrt,
- zur Qualitätssicherung von Sachunterricht beiträgt,
- die didaktische Professionalisierung von Lehrerinnen und Lehrern unterstützt.

Der Perspektivrahmen ist das Ergebnis einer dreijährigen Zusammenarbeit fachdidaktischer Experten unterschiedlicher Fachrichtungen in der GDSU-Kommission „Perspektivrahmen Sachunterricht", die vom jeweiligen Vorsitzenden der GDSU geleitet wurde. Zwischenergebnisse wurden nach vorbereitenden Beratungen in der Kommission in Arbeitsgruppen, zum Teil unter Hinzuziehung externer Berater aus Wissenschaft, Kultusministerien sowie aus der Praxis, erarbeitet.

Die folgende Übersicht gibt wichtige Stationen der Entwicklungsarbeit wieder:

- **„Elementaria" des Sachunterrichts" (1999/2000)**
  Angeregt und koordiniert vom damaligen Vorsitzenden der GDSU, Prof. Dr. Dr. h.c. Helmut Schreier, wurden Mitglieder der GDSU eingeladen, essentielle Inhalte und Methoden des Sachunterrichts zu formulieren. In einem an das Delphiverfahren angelehnten Vorgehen wurden diese Vorschläge von der im März 1999 eingesetzten Kommission „Perspektivrahmen Sachunterricht" ausgewertet, zusammengefasst und auf der Mitgliederversammlung der GDSU in München (10. März 2000) beraten.
- **Struktur und grundlegende Konzeption des Perspektivrahmens**
  Auf einer Klausurtagung der Kommission „Perspektivrahmen Sachunterricht" (23./24. Juni 2000, Großenlüder) wurden die konzeptionellen und inhaltlichen Grundlagen des Perspektivrahmens erarbeitet.
- **Inhaltliche Konkretisierung in Arbeitsgruppen**
  unter Hinzuziehung externer Experten (Juni/ Juli 2000).
- **Beratung der Arbeitsgruppenergebnisse auf einer mehrtägigen Klausurtagung**
  der Kommission „Perspektivrahmen Sachunterricht" unter Beteiligung der für Sachunterricht zuständigen Vertreterinnen und Vertreter aus Behörden von 15 der 16 Bundesländer (Evangelische Akademie Tutzing, 27.-29. September 2000).

- **Veröffentlichung der ersten Fassung des Perspektivrahmens**
  Überarbeitung der Vorlage unter Berücksichtigung der Beratungen und Veröffentlichung der ersten Fassung des Perspektivrahmens im GDSU-Info Februar 2001, Heft 18, S. 4-15.
- **Vorstellung und Diskussion des Perspektivrahmens**
  auf der Mitgliederversammlung der GDSU in Lüneburg (9. März 2001).
- **Weiterentwicklung unter folgenden Leitfragen**
  Nach Auswertung der Rückmeldungen und Diskussionen über den auch an anderen Stellen veröffentlichten Perspektivrahmen (vgl. dazu den Rechenschaftsbericht des Vorsitzenden der GDSU, GDSU-Info Juni 2001, Heft 19, S. 10-12) verständigte sich die Kommission „Perspektivrahmen Sachunterricht" darauf, die Weiterentwicklung unter folgenden Leitfragen zu betreiben:
  (1) Was sollen Kinder im Sachunterricht am Ende der Grundschulzeit gelernt haben können? Welche Lernchancen sollen sie bekommen?
  (2) Welche Wege führen dorthin?
  (3) Welche Bedingungen sind dafür erforderlich?
  (4) Wie lassen sich Lernfortschritte in Richtung der unter (1) und (2) genannten Kompetenzen und Inhalte erweisen?
- **Ausarbeitung von Vorschlägen in Arbeitsgruppen (Mai bis Juli 2001)**
- **Beratung der Arbeitsgruppenergebnisse auf einer dritten Klausurtagung**
  der Kommission „Perspektivrahmen Sachunterricht" unter Beteiligung der für Sachunterricht zuständigen Vertreterinnen und Vertreter aus Behörden aller 16 Bundesländer (Evangelische Akademie Tutzing, 11./12. Oktober 2001).
  Als Ergebnis der Plenar- und Arbeitsgruppenberatungen wurde vereinbart, die oben genannten Leitfragen mit folgenden Aufgaben zu verbinden:
  1. Begründung für die Konzeption des Perspektivrahmens;
  2. Spezifizierung des Bildungspotenzials der fünf Perspektiven;
  3. Spezifizierung von Kompetenzen, Inhalten und Verfahren sowie von Vernetzungsbeispielen als Lernchancen, die Sachunterricht Kindern bis zum Ende der Grundschulzeit bieten soll;
  4. Vorschläge zur Evaluation dieser Kompetenzen;
  5. Sicherung von Voraussetzungen für den Sachunterricht.
- **Veröffentlichung der zweiten Fassung des Perspektivrahmens**
  GDSU-Info Februar 2002, Heft 21, S. 8-39.
- **Vorstellung und Diskussion des Perspektivrahmens**
  auf dem „Forum Perspektivrahmen" während der 11. Jahrestagung der GDSU in Halle (6.-9. März 2002) sowie auf der Mitgliederversammlung der GDSU.
- **Erstellung der vorliegenden Fassung**
  Nachdem der Vorstand der GDSU, in Rücksprache mit den Leiterinnen und Leitern der Arbeitsgruppen, die Rückmeldungen eingearbeitet hat, wurde die nun vorliegende Fassung erstellt.

Mitwirkende am Perspektivrahmen

a) Mitglieder der Perspektivrahmenkommission:
Prof. Dr. Diethard Cech, Vechta; HD Dr. Irene Frohne, Potsdam; Prof. Dr. Uwe Hameyer, Kiel; Dr. Andreas Hartinger, Regensburg; Prof. Dr. Joachim Kahlert, München; Prof. Dr. Walter Köhnlein, Hildesheim; Prof. Dr. Gerhard Löffler, Bielefeld; Prof. Dr. Gisela Lück, Essen/Bielefeld; Prof. Dr. Kornelia Möller, Münster; Prof. Dr. Dietmar von Reeken, Bielefeld; Prof. Dr. Dr. h.c. Helmut Schreier, Hamburg; Prof. Dr. Hans-Joachim Schwier, Halle; Prof. Dr. Ute Stoltenberg, Lüneburg; Dr. Steffen Wittkowske, Dresden

b) Leitung der Kommission:
Prof. Dr. Dr. h.c. Helmut Schreier (bis März 2001)
Prof. Dr. Joachim Kahlert (ab März 2001)

c) Leitung der Arbeitsgruppen:
- sozial- und kulturwissenschaftliche Perspektive: HD Dr. Irene Frohne (bis September 2000); Prof. Dr. Ute Stoltenberg (ab September 2000)
- raumbezogene Perspektive: Prof. Dr. Diethard Cech
- naturwissenschaftliche Perspektive: Prof. Dr. Gerhard Löffler (bis Oktober 2001); Prof. Dr. Gisela Lück (ab Oktober 2001)
- technische Perspektive: Prof. Dr. Kornelia Möller
- historische Perspektive: Prof. Dr. Joachim Kahlert (bis März 2001); Prof. Dr. Dietmar von Reeken (ab März 2001)
- Bedingungen für erfolgreichen Sachunterricht: Dr. Andreas Hartinger

d) Mitwirkung in den Arbeitsgruppen (einschließlich externer Berater):
- sozial- und kulturwissenschaftliche Perspektive: HD Dr. Irene Frohne, Potsdam; Dr. Ingrid Prote, Dillenburg; Prof. Dr. Dagmar Richter, Braunschweig; Prof. Dr. Ute Stoltenberg, Lüneburg
- raumbezogene Perspektive: Prof. Dr. Diethard Cech, Vechta; Dr. Reinhard Ittermann, Münster; Dr. Ewald Kurowski, Köln; Dr. Evelyn Schimanke, Vechta; Dr. Steffen Wittkowske, Dresden
- naturwissenschaftliche Perspektive: Prof. Dr. Walter Köhnlein, Hildesheim; Prof. Dr. Gerhard Löffler; Bielefeld; Prof. Dr. Gisela Lück, Essen/Bielefeld; Prof. Dr. Kornelia Möller, Münster; Prof. Dr. Hans-Joachim Schwier, Halle; Prof. Dr. Kay Spreckelsen, Kassel; Dr. Steffen Wittkowske, Dresden
- technische Perspektive: Prof. Wolfgang Biester, Münster; Prof. Dr. Gerhard Duismann, Hamburg; Prof. Dr. Uwe Hameyer, Kiel; Anne Kolbe, Hamburg; Prof. Dr. Walter Kosack, Karlsruhe; Prof. Dr. Kornelia Möller, Münster; Dr. Hermann Laux, Landau; Prof. Hartmut Sellin, Oldenburg; Dr. Monika Zolg, Kassel
  speziell zu hauswirtschaftlichen Aspekten: Dr. Regine Bigga, Münster; Prof. Dr. Maria Thiele-Wittig, Münster
- historische Perspektive: Dr. Bernd Feige, Hildesheim; Christine Höink, Minden; Prof.

Dr. Joachim Kahlert, München; Dr. Kerstin Michalik, Hamburg; Prof. Dr. Dietmar von Reeken, Bielefeld; Prof. Dr. Dr. h.c. Helmut Schreier, Hamburg
- Bedingungen für erfolgreichen Sachunterricht: Prof. Dr. Uwe Hameyer, Kiel; Dr. Andreas Hartinger, Regensburg

e) Teilnehmerinnen und Teilnehmer an den Beratungen mit den für Sachunterricht zuständigen Vertreterinnen und Vertreter aus Behörden der 16 Bundesländer

Jens-Peter Bey, Schleswig-Holstein; Werner Ellwanger, Baden-Württemberg; Cordula Engelhardt, Thüringen; Erich Geibert, Rheinland-Pfalz; Dr. Karin Greve, Sachsen-Anhalt; Horst Hartwig, Dr. Michael Hoderlein-Rein, Bayern; Dr. Inge Koch, Mecklenburg-Vorpommern; Anne Kolbe, Hamburg; Heinz Kriete, Nordrhein-Westfalen; Wiltrud Lortz, Hessen; Werner Loyo, Saarland; Dr. Katrin Reichel-Wehnert, Sachsen; Barbara Rütz, Rheinland-Pfalz; Hannelore Schink, Katja Sieger, Brandenburg; Lotta Ubben, Bremen; Silvia Wagner-Welz, Berlin; Marlene Wolter, Niedersachsen

f) Endredaktion

- Fassung GDSU-Info Februar 2001, Heft 18
  Prof. Dr. Uwe Hameyer; Prof. Dr. Joachim Kahlert; Prof. Dr. Dr. h.c. Helmut Schreier
- Fassung GDSU-Info Februar 2002, Heft 21, sowie vorliegende Endfassung
  Prof. Dr. Diethard Cech; Dr. Andreas Hartinger; Prof. Dr. Joachim Kahlert; Prof. Dr. Kornelia Möller; Prof. Dr. Dietmar von Reeken; Prof. Dr. Ute Stoltenberg; Dr. Steffen Wittkowske

Folgenden Personen bzw. Institutionen dankt die GDSU für Unterstützung:

Evangelische Akademie Tutzing, Tutzing
Fonds des Verbandes der Chemischen Industrie, Frankfurt am Main
Verleger Andreas Klinkhardt, Verlag Julius Klinkhardt, Bad Heilbrunn

Die Deutsche Bibliothek – Cip-Einheitsaufnahme

Ein Titelsatz für diese Publikation ist bei
Der Deutschen Bibliothek
erhältlich

2002.6.k.
Druck und Bindung:
AZ Druck und Datentechnik GmbH, Kempten
Printed in Germany 2002
Gedruckt auf chlorfrei gebleichtem alterungsbeständigem Papier

ISBN 3-7815-1217-7